AF113811

Lancelot Cannissié

Aux mille saisons

et autres poèmes

En application de l'art. L.137-2.-I. du code de la propriété intellectuelle, toute reproduction et/ou divulgation de parties de l'oeuvre dépassant le volume prévu par la loi est expressément interdite.

© Lancelot Cannissié

Édition : BoD · Books on Demand, 31 avenue Saint-Rémy, 57600 Forbach, bod@bod.fr

Impression : Libri Plureos GmbH, Friedensallee 273, 22763 Hamburg (Allemagne)

ISBN : 978-2-3226-3532-0

Dépôt légal : Mai 2025

Une main dans ses cheveux

Une main dans ses cheveux
Au toucher doux et soyeux
Des lèvres au goût de miel
Un regard étincelle

Sur sa peau, subtiles caresses
J'explore avec délicatesse
Et les mots que je murmure
Tendres et qui rassurent

Sur ses lèvres, je pose un baiser
Moment intense de volupté
Telle est celle que j'imagine
Celle qu'en rêve je dessine

La page blanche

Assis près de la fenêtre
A écouter les gouttes battre les vitres
Je sens l'ennui parcourir mon être
Un cahier sur le pupitre
La plume à la main, aucune lettre

Les mots que je tente de poser s'effacent
Les ai-je écrits ? Suis-je dément ?
Ne rien faire me laisse las
Mes pensées s'envolent au vent
Elles ne sont plus efficaces

Le monde alentour flanche
Faisant tourner la roue de la mélancolie
Plus d'envie, le syndrome de la page blanche
Un crayon miteux qui jamais n'écrit
Quelle sensation étrange

La nature en automne

La nature par le froid se meurt
Et les feuilles qui ont vu leurs couleurs
Changer, tombent lentement sur le sol
Tourbillonnant, en une danse folle

Je me prélasse sur un air d'automne
Qu'une tourterelle perchée chantonne
Je sens la fraîcheur du vent
M'envelopper si soudainement

Les mots

J'écris ces poèmes
Mais pour qui, pourquoi
Des petites graines
Que le vent sème parfois
Des mots qui vont et viennent
Au gré de mes émois

J'écris ces vers
Mais pour qui, pourquoi
Une âme solitaire
Qui par-là passe des fois
Des mots qui volent dans l'air
Comme des copeaux de bois

Portés par des vents rageurs
Les mots s'envolent dans le lointain
Que le temps retient avec gageure
Aujourd'hui et jusqu'à demain
Ils s'enfuiront avec lenteur
Sous le soleil de juin

Le rêve du peintre

Dans mon esprit je peins
Je peins des paysages verts
De ces étendues d'herbe
Où je me repose calme et serein
Et je me sens léger telle une plume
Plume qui me rappelle les oiseaux
Allant et venant dans les champs d'agrumes

Et le doux et délicat parfum
De ces fruits qui caressent mes narines
Me berce jusqu'au petit matin
Où la réalité ramène la bruine

Mais dès le soir je m'endors
Et dans ce monde onirique
J'y retourne encore et encore
Je me délecte de ces paysages fantastiques

Mur blanc

Je pose les yeux sur un mur blanc
Et je me rappelle déjà ces nuages
Dans le ciel de printemps
Que la brise du matin
Fait avancer d'une allure sauvage
Je me vois dans l'herbe fraîche
Chaque brin dansant entre mes doigts
Et le vent qui souffle dans mes mèches
Leur donne l'allure d'un valeur maladroit

Fin de l'été

Par cette belle journée
Fraîche et ensoleillée
Je profite du soleil
De sa chaleur sensuelle

Jusqu'à ce que s'installe
Le froid bestial
Qui glace le sang
Fait grincer les dents

Les feuilles sur le sol
Jonchées d'un air frivole
Amènent les couleurs d'automne
Portées par un vent monotone

Et je regarde ces feuilles
Elles meurent, j'en porte le deuil
Fin de l'été, grand soupir
Demeurent les bons souvenirs
Car l'été toujours revient

Deux lapins

Par la fenêtre, je vois
Deux petits lapins
Gambader dans le jardin
Quelle image ils renvoient

La peau brune
Douce et belle
Sous la lumière d'une lune
Donne des reflets rebelles

Je les vois sautiller
Dans tous les sens
Comme une danse
Puis stopper sans sourciller

Je descends les voir
Mais trop apeurés
Ils regagnent leur terrier
Pour moi il est trop tard

Le chant des cigales

Dans les arbres du midi
J'entends la cigale chanter
Sur un air de nostalgie
Une ode à l'été

Faisant vibrer l'abdomen
Elle entame une mélodie
Forte dans son domaine
Elle joue jour et nuit

Elle vibre, elle stridule
Elle chante au soleil
Sous le regard des libellules
Et le bourdonnement des abeilles

Et tout l'été on l'entend
Porté par le vent
Le chant des cigales

Dans les arbres, cette mélodie
Une pointe de nostalgie
Le chant des cigales

Tempête marine

Seul sur l'océan
Un grand navigateur
Un grand catamaran
Tranquille vogueur

L'eau est calme
Paisible et silencieuse
Les poissons frôlent les palmes
Baignant dans cette mer précieuse

Et l'homme reste ainsi
Sur son beau catamaran
Il est bien assis
Balader par la douceur du vent

Mais soudain le vent se lève
Commence à souffler si fort
Que les voiles s'élèvent
Le navire se tord

Puis le cyclone arrive
Balaye tout sur son passage
Balancé contre la rive
L'homme s'échoue sous les nuages

Les vagues viennent le frapper
De l'eau il en boit des tasses
Son corps va succomber
Contre les rochers il se fracasse

L'été à la plage

Ciel et mer
Mélangent leur bleu
Ils ne manquent pas d'air
D'être aussi impétueux

Les vagues dansent leur union
Sous le regard d'un soleil ardent
Dont les majestueux rayons
Éclairent la foule de sable blanc

Sous les cieux, les mouettes
Entreprennent leur chant
Été, temps de fête
Nuée de cerfs-volants

Les enfants, les parents, les vieux
Se joignent à la partie
Les petits sortent les jeux
Sous l'œil averti

Puis attiré comme un aimant
Par ce bleu si profond
Un léger vent,
vient troubler l'union

Vent d'automne

Brise légère
Soufflant dans mes cheveux
Sur mes joues, l'air
Un brin chatouilleux
Il souffle doucement
Balaye les feuilles
Qui s'envolent au vent
La terre les accueille
Et ainsi fait le vent
Le vent d'automne
Qui dans les feuilles
S'en va Soufflant
D'un léger accord monotone

Hurlements nocturnes

Dans la nuit noire
Les hurlements des chiens
Chant du soir
Jusqu'au petit matin

Ils hurlent, aboient
Jusqu'à l'adynamie
Leur tristesse, je la bois
Dans la froide nuit

Ils aboient aux chats
Qui avancent sous la lune
Allant de toits en toits
Leur terrible infortune

Mais dès que monsieur
De bon matin se réveille
Il va voir le malheureux
Qui à la porte veille

L'ennui

Chaque jour je tourne
Je tourne et retourne
Seul dans les couloirs
A ruminer des idées noires

Je tourne et tourne en rond
Perdu dans les tréfonds
de mes hostiles pensées
Que mon cerveau ne cesse d'envoyer

Le temps file si vite
Qu'à la fin, il n'existe
Plus pour moi
Envolé dans une purée de pois

Séjour au ski

Montagnes enneigées
Là-bas, les Alpes
Je vais et me sape
Les skis aux pieds

Je fonce, je glisse
Rouge, bleu, noir
Je suis sur mon territoire
La neige est ma complice

Rien ne m'arrête
Pas même les gamelles
Je repars de plus belle
La montagne est prête

Puis un jour ça finit
On plie bagages
Après un bon nettoyage
Nous repartons dans la nuit

Ma vie, cet ouragan

Personnage aux mœurs volages
Et qui pourtant se veut sage
Mes ces pensées comme l'ouragan
Vont et viennent de tout océan

Je me sens bousculé
Je ne sais où je vais
Je vole au gré du vent
Sans pouvoir me poser un instant

Où donc la vie me mène
Est-elle encore mienne
Souvent l'impression de faire des choix
Qui, il me semble, ne sont de moi

Alors j'hésite telle une girouette
Le vent ne me paraît net
Ma vie est comme l'ouragan
Faudrait-il qu'il me pousse vers l'avant

Hiver infernal

Hiver infernal
Aux mœurs bestiales
Souffle et souffle encor
Fais varier les accords

Flocons de tempête
Sinistre fête
Tournez dans le vent
en un mouvement violent

Le froid, la glace
Te gèlent sur place
Tu sens plus tes orteils
Et rouge sont tes oreilles

Étrange transe
De tous tes sens
Tu te recroqueville, grelotte
De froid te tiens les côtes

L'écrivain

Assis devant sa machine
Il organise sa pensée
Quand il eut trouvé le sujet
Il tape les lettres à l'encre de Chine

Pour construire son histoire
Il s'inspire soit du vécu
Soit de ses rêves bizarres
Où l'on voit fées et bêtes poilues

Il peut aussi passer des heures
À regarder les nuages
Dans lesquels, en douceur
Se forment les images

Et comme par magie
L'histoire s'écrit
Les personnages prennent vie
Ça y est, commence le récit

Tonnerre et Éclair

Il était une fois deux frères
L'un s'appelait Tonnerre, l'autre Éclair
Certains soirs tonnerre se sentait seul
D'être aussi aveugle

Il ne voyait pas sa famille
Il en pleurait des billes
Il grondait pour appeler son frangin
Mais rien à faire, ce dernier était loin

Et quand il claquait tard le soir
Il allait si vite qu'on ne pouvait le voir
Ainsi jamais il ne se trouverait
Dieu en avait décidé

Car voyez-vous, mesdames et messieurs
Là-haut dans les cieux
Tonnerre était si jaloux d'Eclair
De sa beauté, son caractère

Qu'en haut on décida de les séparer
Pour toute l'éternité
Et que Tonnerre à jamais pleurerait

Plume blanche

Dans un de mes rêves
Je t'ai vu
Ta venue fut brève
Mais je t'ai reconnu

Tu étais si belle
D'une telle légèreté
Tu étais rebelle
Allant où tu voulais

Le vent t'emportait
En une danse magique
Te faisant virevolter
Dans un monde fantastique

Toi la plume blanche
De mes rêves étranges
Toi la plume blanche
Tombée d'un ange

Décomposition

Un jour, ce terrible rêve
Je voyais mon corps
Tomber sans trêve
Et pourtant ne vint la mort

Il se déchirait, déchiquetait
S'en allait en morceaux
Mon corps pelé
Tombait en lambeaux

De mes doigts, une substance
L'odeur infecte
On la sentait à distance
J'avais le nez à sec

Soudain c'est toute ma chair qui tombe
Je me décompose
Même ma propre ombre
N'est plus qu'une vulgaire chose

Je me décompose
Je ne suis plus rien
Il ne reste pas grande chose
Seul les os, au petit matin

Petites perles de pluie

Petites perles de pluie
Vous que j'entends
A ma vitre cogner
Joueuses de mélancolie
Qui bien tristement
Sur les carreaux vont s'écraser

Petites perles de pluie
Moment nostalgique
Lorsque sur le sol tombent les gouttes
Cette musique toute la nuit
Est comme une mélodie magique
Balayant peurs et doutes

Petites perles de pluie
Belles et scintillantes
Illuminées par les étoiles
Chaque goutte tombante
Dessine en mon esprit
Une superbe toile

Le chant du rossignol aux ailes blanches

Perché sur une branche
Non loin de chez moi
Un rossignol aux ailes blanches
Piaille de sa plus belle voix

Son chant mélodieux
Passant par la fenêtre
Me rappelle qu'être heureux
Ne se trouve qu'à quelques mètres

Si on tend l'oreille
On l'entend qui nous chante
Le monde et ses merveilles
Qui, tous, nous enchante

Et le rossignol
de sa plus belle voix
de la branche s'envole
A nous de faire ce choix

Balade en forêt

Marchant entre chênes et hêtres
Je respire la nature
Emplissant mon être
D'un parfait air pur

Je vais ici et là
Passant d'arbre en arbre
Derrière moi, mes pas
Comme gravés dans le marbre

Ils resteront une preuve, bien qu'éphémère
Sous le soleil scintillant
De mon passage sur cette terre
Ils iront toujours de l'avant

De gouache ou d'aquarelle

De gouache ou d'aquarelle
Je peins ma vie
Car elle se doit d'être belle
Pour moi aussi

Je vois du rouge
Couleur de mon sang
Qui dans mon corps bouge
Me fait sentir vivant

Je vois du orange
Quand le soleil se couche
Passe un ange
Qui de ses ailes le touche

Je vois du jaune
Qui me rappelle la savane
de la flore, de la faune
Et du goût des bananes

Je vois du vert
Tout en regardant
Les arbres et les fougères
Dont les feuilles dansent au vent

Je vois le bleu
Celui des océans
Qui reflète les yeux
Tel un miroir déformant

Je vois le violet
Qui me rappelle
Ces rires enjoués
Des jeunes demoiselles

Et je vois l'indigo
Couleur de cette plante
Pour nous rappeler qu'on est beau
Et que chaque chose est vivante

Ma maladresse

Les mots que j'ai en bouche
Qui peuvent vous paraître
Indécent, de mon être
Je l'avoue ne sont pas farouches

Mes pensées fusent vite
Dans ma tête en effet
Je me sens sot, c'est un fait
Dont les opinions irritent

Il m'arrive de dire
Des choses inconscientes
Par mes lèvres branlantes
Je ne le fais exprès, messire

Excusez donc cette maladresse
Et l'outrage de mes gestes
Il est temps de réfléchir
Quand on a des choses à dire

Pourquoi suis-je moi

Pourquoi suis-je moi
Cette question je me la suis posé
Des centaines de fois
Sans jamais la trouver

Je suis venu sur cette terre
Pour moi si incongrue
Elle se veut austère
Malgré ces individus

Je suis venu sur cette terre
Sûrement pour une bonne raison
Mais que dois-je y faire
Là se trouve la question

Je suis venu sur cette terre
Si belle et pourtant si sombre
Dans un monde de guerres
Où j'ai peur de mon ombre

Pourquoi suis-je moi
Cette question je l'ai cherchée
Sans jamais la trouver

A ma chère famille

A ma chère famille
A vous tous dans mon cœur
Présents, garçons et filles
Je vous aime avec ardeur

Je vous remercie de me soutenir
Dans ces moments où
Par manque de confiance et pire
Je tombe à genoux

Chacun de vous est la main
Qui me fait avancer
D'un pas sûr et serein
Quand de l'avant, j'hésite à aller

Je sais que je peux compter
Ici-bas sur vous tous
Que jamais vous ne me lâcherez
Que vos vœux me poussent
Vous, ma chère famille

Randonneur

Montagne majestueuse
Tes courbes sinueuses
Sans crainte
Je les empreinte

J'aime te parcourir
Dans tes forêts courir
Je saute de pierre en pierre
Mes pieds touchent plus terre

A ton sommet
Un bol d'air frais
J'emplis mes poumons
Retiens, souffle à fond

Et j'admire ton paysage
D'une beauté sauvage
Si je le pouvais
A jamais je t'escaladerais

Fidèle Ramsès

Au plus fidèle des compagnons
Ramsès était son nom
Setter Gordon, noir et marron
Il aimait jouer, un vrai fripon

Je me rappelle ces froides nuits
Où blotti contre lui
J'en sentais la douceur
Sa fourrure, la chaleur

Malheureusement un jour
Au détour d'un carrefour
Un accident fatal
On écrasa le pauvre animal

On a tout essayé mais rien à faire
On a dû le mettre en terre
Aujourd'hui seule ta mémoire subsiste
Au temps nos souvenirs résistent

Les bonbons

Des bonbons qui fondent
Qui craquent, qui pétillent
Ceux des émotions profondes
Que se partagent garçons et filles

Il y en a pour tous les goûts
Des fruits aux plantes
Pomme, fraise, orange
De l'eucalyptus à la menthe
Des banale au plus étranges

Les bonbons au choco
Les Werther, les Cambrai
Bons et beaux
En moi, un goût de liberté

Les bonbons je les mange
Doucement avec passion
Ce cadeau des anges
Envoyé par compassion

Des bonbons qui fondent
Qui craquent, qui pétillent
Ceux de nos émotions profondes
Et qu'aiment garçons et filles

Automne

L'automne est arrivé
Les feuilles jaunies, rougies
A la fin de leur vie
Tombent sans regret

Les arbres affichent
Leurs plus belles couleurs
Hommage aux feuilles qui meurent
Sur cette pauvre terre sèche

Dans les montagnes, l'ours
Fait ses provisions
Un peu d'eau de source
Il prépare son hibernation

L'écureuil aussi
Voyage de chênes en chênes
Recherche glands et graines
Qu'il rassemble dans son nid

Les oiseaux renforcent
Leur doux plumage
Afin de résister avec force
A l'hiver sauvage

Et d'autres s'en vont
Au-delà des mers
Vers de nouveaux horizons
De plus chaudes terres

La valse des feuilles

Vent léger, brise d'automne
Souffle dans les branches
Rouges, brunes, jaunes
Entament une danse étrange

Virevoltant dans un ciel gris
Portées par un vent coquin
Jouant avec elles toute la nuit
Retombent, fatiguées, dès le matin

Et les feuilles gisant sur la route
Sous le regard des arbres nus
Qui de sueur dégouttent
Honteux d'avoir leurs feuilles perdu

Voyant leurs hôtes tristes
Elles se mettent à faire les folles
Sur le chemin, leur piste
Elle vont et viennent, font des cabrioles

Et pendant tout l'automne
Elles joueront de leurs couleurs
Palliant une période monotone
Apportant beauté et douceur

Comme un souvenir d'adieu
Lentement se désagrègent
Particules attirées par les cieux
Avant que n'arrive la neige

Lever de soleil

Astre de feu lentement s'élève
Son reflet illumine l'océan
Sur un sable brûlant
Le jour se lève

Les vagues gentiment
Vont et viennent
Au rythme d'un léger vent
Que l'automne amène

Je reste là, te regarde
Dans l'eau, une coulée de miel
Où se perd mon regard
Puis la douceur, un goût d'hydromel

Le jaune, le rouge
La chaleur, la passion
En moi un sentiment bouge
Planté là, devant l'horizon

Puis maintenant, haut dans le ciel
Tu veilles tel un gardien
Comme un phare éternel
Éclairant notre chemin

L'univers

Éternelle obscurité
Grand manteau noir
Ta parure d'étoiles
Brille comme des milliards
De perles bariolées

Et quand le temps file
Elles se rassemblent et valent
Tourbillonnant, sans s'arrêter
Dans l'infinité de l'espace
Voilà les galaxies qui défilent

Puis les novas, les supernovæ
Les pulsars et les quasars
Résonnent en une puissante mélodie
Vibrant au rythme d'éclats d'étoiles
Qui étincellent dans la nuit noire

Et comme par un chant magique
Naissent les planètes
Petites et grandes, de toutes formes
Elle ont dans cette immensité place nette
Les gazeuses, les telluriques

Et peu importe où vous êtes
Sur ce grand manteau noir
C'est comme une boucle infinie
Tout se répète
Mais ça, c'est une autre histoire

Les oiseaux

Valse de plumes
Dans les cieux
Accompagnant l'écume
De la mer bleue

Mouettes, goélands, Albatros
Battent des ailes
Au-dessus de la terre corse
La mer aujourd'hui est belle

Virevoltant dans le ciel de France
Hirondelles et tourtereaux
Là-haut, ils dansent
Sous le regard des moineaux

Puis en une grande traversée
L'on en trouve des exotiques
Aux couleurs bariolées
Cachés dans les arbres d'Amérique

Les perroquets, les toucans
Les oiseaux de paradis
Font un tel boucan
Dans le ciel d'Amazonie

Et si l'on va plus loin
Les casoars d'Australie
Chantent notre refrain
Le poème est fini

Journée printanière

Au calme dans une clairière
Allongé au milieu des fleurs
Je sens venir un courant d'air
Apportant une délicieuse odeur

Toutes les jonquilles, toutes les tulipes
Les chênes, les saules, les pins
Des plantes de tout type
Aux abords des chemins

Un instant je regarde le ciel
Au milieu des nuages
Une nuée d'hirondelles
Vantant leur joli plumage

Et les oiseaux chantent
Le vent souffle dans les branches
Installé sous leurs ombres géantes
Je m'endors sous des bruits étranges

Je remarque dans l'herbe
Toutes ces fourmis œuvrer
Dans leur grande fourmilière
Portant tout ce qu'elles trouvaient

Une coccinelle se balade consciencieusement
Sur le dos de ma main
Ses petites pattes me chatouillent
Puis la belle repart au loin

Maintenant la nuit se lève
Il est temps pour moi de partir
Une volée de papillons
Dans le ciel rouge s'élève

Et l'horizon, de couleurs se voit couvrir
Je prends donc la route
Repensant à cette journée
Et le hibou, les insectes, j'écoute
Retour dans ma chambre à coucher

Poète

Des pensées plein la tête
Des mots pêle-mêle
Des phrases qui s'entremêlent
C'est à ce moment qu'intervient le poète

Il organise ses mots
Joue de vers et de rimes
Quelque chose de beau
À l'encre de chine

Il note tout ce qu'il a à l'esprit
Qu'il soit heureux et malheureux
Il note ce qu'il veut
Peu importe s'il est compris

Et donc le poète continue
Les mots coulent à flots
Il se libère, se met à nu
Sur le papier tout est beau

Et lorsqu'il a fini, il pose sa plume
Prend du recul
Ajuste ses vers de virgules
Puis repart dans un nid de plumes

Mon cauchemar

Je rêve d'un endroit sombre et glauque
Je vois des rues enveloppées de brume
J'avance léger sur le bitume
Quand soudain dans la nuit, une voix rauque

Je me stoppe, l'oreille alerte
A droite? A gauche? Au nord?
Mon corps, lui, tremble si fort
Je ne veux voir la terrible bête

Avec prudence, j'avance sans faire de bruit
Je longe les murs, me cache ici et là
Quand soudain un terrible cri
Résonne avec fracas

Alors pris d'effroi, je cours
Sans savoir où je vais
Les bâtiments en train de défiler
Tout à coup mes pas se font lourds

J'avance à peine
Je sens quelque chose
Une très forte haleine
Je me retourne, yeux écarquillés
Bouche close

Devant moi une horrible bête
Un monstre gras et difforme
Avec des dizaines de têtes
Des visages informes

Leurs yeux sur moi braqués
Je me sens nu comme un ver
Telle une bête déchaînée
Elle joue de ses énormes serres

Tout à coup, on me mord, on me lacère
Mon corps est mis en lambeaux
Pris au piège, je ne sais que faire
Sur le sol, des morceaux de peau

Dans la douleur, je parviens
A distinguer un visage
Une connaissance, un souvenir revient
C'en est trop, j'hurle de rage

Ce monstre, je le reconnais
Il représente ces brutes
Qui sans cesse me charriaient
Et cela sans aucun but

Je décide alors de prendre sur moi
Je serre les poings et frappe
Je cogne jusqu'à faire saigner mes doigts
Je frappe! Je frappe! Je frappe!

Soudain, tout est flou
Le monde se met à tourner
La terre me secoue
Je ne la sens plus sous mes pieds

Tout tourne de plus en plus vite
Le monde devient blanc
Etincelant, aveuglant
Soudain je tombe, puis plus rien ensuite

Je me réveille tout en sueur
Mon lit dégoulinant
Soulagé d'avoir vaincu ma peur

L'arbre

Vieux sage qui veille depuis la nuit des temps
Du haut de ta cime, le monde
Tes racines plantées profondément
Font que jamais tu ne tombes

Impassible, imperturbable
Tu vois les âges défilés
Être puissant et stable
Tu seras encore là

Quand nous aurons trépassé
Avec tes frères, tu te protèges
La faune, la flore
Du froid, de la neige
Au chaud, l'oiseau dort

Tes grandes feuilles vertes
Apportent au monde l'oxygène
Mes poumons s'emplissent d'air
Et de mon corps s'envole toute gêne

Tu apportes l'énergie pure
Celle qui régénère
Sentir ton écorce est une cure
Tu me traverses en une brise légère

Et tel un dieu protecteur
Je prie pour toi
Afin que ton souvenir demeure

La tempête

Emporté par des vents furieux
Secoué par des vagues déchaînées
Pris dans les caprices des cieux
Je sens mon corps se déchirer

L'orage grondant, l'éclair claquant
Se mêlent aux hurlements des loups
Que l'on entend sous la lune sanglante
Des larmes coulent sur leurs joues

La terre tremble, le sol s'effondre
Baladé par d'horribles secousses
Je titube, je trébuche, je tombe
Que quelqu'un vienne à ma rescousse

Et dans le terrible chaos
Apparaissent les mains tendues
Elles te poussent dans le dos
Et te mènent vers de belles étendues

La folie

Perdu dans les affres de la folie
Le haut devient le bas
Les aiguilles tournent à l'envers
Le sol sous mes pieds s'élargit
Le monde s'éloigne sous mes pas
La boussole ne sert plus de repère
Ma vision se floute
Je ne vois plus à cent mètres
Aveuglé par la brume du désespoir
Je ressens ces immondes croûtes
Parcourir tout mon être
De douleur mes yeux se ferment
Je suis dans le noir

Le piment

Joyeux moment, bien pimenté
Dans mon corps je sens le feu
Une flamme qui pique le palais
Bordel! Mes yeux vont pleurer

En moi, le démon danse
Sur mes entrailles, la fourche
Je subis l'offense
de ce diablotin aux mœurs farouches

Et je sens les flammes de l'enfer
Me brûler, me consumer
De douleur mes côtés se serrent

Alors je prends un verre de lait
Et le feu s'éteint
Laissant mon corps apaisé
J'en repars serein

L'écrivain oublié

La valse d'une plume
Étale sur le papier
Des mots et des maux
Emportés par l'écume

De l'encre agitée
J'écris ces quelques vers
Pour vous parler de moi
De ces douces misères

Portées par mes émois
Celui de l'écrivain
Qui, me semble-t-il
Se sent renié

Aux bords des chemins
En un battement de cil
L'auteur oublié

Un goût de paradis

A toi l'être aimé
L'enfant chéri
Puisses tu te reposer
Dans des jardins fleuris
Puisse ton corps s'embaumer
Du doux parfum de paradis
Et qu'à jamais les anges
Chantent tes louanges

Un livre à la main

Un livre à la main
Évasion fantastique
Sous la fraîcheur du matin
Épopée sabbatique
Tourne les pages
Se repaît des mots
Une escapade, un voyage
L'arbre, le chant de l'oiseau

Le futur

Le futur est là, t'attend, incertain
Peu importe la route, le chemin
Ton cœur se sentira toujours perdu
A voyager ainsi dans l'inconnu
Mais au-delà des tempêtes, des orages
Le grand soleil et son message
Celui d'un avenir radieux
Qui fera naître des envieux

Inspiration

Tels des pétales portés par le vent
Mon inspiration s'est envolée
Et avec elle toutes mes idées
Comme disparaît l'herbe des champs
Sous la blanche neige
Je ne sais par quel sortilège

Une guitare

Une guitare posée sur la cheminée
Toujours belle, je l'entends jouer
Quelques notes venues de temps lointain
Les cordes caressées par des doigts sereins
Et les yeux fermés j'écoute
Et par la douceur des notes,
s'envolent mes doutes
Cette guitare de la regarder
Je ne peux m'en lasser

Journée de Mars

Journée de Mars, temps printanier
J'avance porté par un vent léger
Je marche vers mon destin
Je marche jusqu'à demain
En suivant un chemin d'or
Mes pieds me mènent vers l'aurore
Et je continue d'un pas léger
Fort, solide, jamais je ne tomberai
Journée de Mars, temps printanier

L'encre

Un cahier, un stylo
Sur le papier mes mots
Mes pensées, mes idées
Ce qui vient me hanter
L'encre coule
Et les phrases soûles
Que les pages boivent avec ivresse
Une certaine détresse

Fin Octobre

Le soleil se lève
Sur la fenêtre du monde
Et une odeur de sève
Coule des arbres, inonde

L'hiver meurtrit, assèche
Les feuilles d'ocre
Que sitôt le vent se dépêche
D'emporter, à la fin octobre

Et le soleil au travers des nuages
Vient encore à percer
Et inonde le paysage
D'une douce clarté

Fleurs

Une fleur dans un jardin
Sublime parfum
Ses pétales de velours
De mes doigts je les parcours

Dans un bouquet, la primevère
Réchauffe les cœurs d'hiver
La promesse d'un amour naissant
Le jour d'un nouveau sentiment

Sur la table, les fleurs dans la lumière
Scintillent et subliment
Et le chagrin, elles le suppriment
Dans un fin ray de poussière

Cœur perdu

Dans ma tête, ces voix malsaines
Créent en mon inconscience
Des pensées qui ne sont mienne
Mais assez trouble est l'évidence

Une image subtilement vient
Une robe dentelle danse sous la lune
Balayée par les vents marins
Sous la protection de majestueuses dunes

Je m'avance pas à pas
Des perles de sueur sur mes joues
Je lui prends la main, s'entremêlent nos doigts
Dès ce moment, tête qui tourne, vision floue

Le décor fond, coule une mer de larmes
La puissance des vagues nous délie
Puis s'en va la jolie dame
Emportée par les flots rougis

Je la vois encore au loin
Des ombres enveloppent la belle
J'hurle, je tends la main
Mais dans ma bouche, les cris s'emmêlent

Et par un terrible cri d'effroi
Je me réveille en hurlant
L'eau rouge, le sang, coule entre mes doigts

Le vent d'octobre

Le vent d'octobre souffle les feuilles
Elles volent, tourbillonnent
Dans le froid glacé de l'automne
Avant que la terre ne les accueille

Elles y forment un tapis
D'or et de cuivre
Afin qu'elles puissent poursuivre
Leur lente et douloureuse agonie

Et les fleurs à leur tour
Tombent l'une après l'autre
Sur le sol se vautrent
Le temps a fini sa course

La brume

Le temps apporte la brume
Par-delà la grande forêt
Tout comme s'échoue l'écume
Sur les plages de galets
Plus rien à la ronde
Tout ce qu'on entend
Le vent furieux qui gronde
Comme un puissant torrent

Le froid de l'hiver

Le froid de l'hiver
Commence à se faire ressentir
Sur ma peau l'air
Me chatouille, me fait frémir
La morsure du vent
Sur moi laisse une trace
Elle va pénétrant
Et jamais ne s'efface
Capricieux, il souffle
Violent et furieux
Ma chair en souffre
Un sentiment curieux

Le destin

Je marche sur le fil du destin
Que la parque sournoise
Tient entre ses mains
Vieille femme narquoise

Je marche d'un pas sûr
Peur de tomber
En moi les murmures
De La fatale destiné

Qui s'écoule calme
Tel le courant d'une rivière
Dans laquelle se noie,
Ma pauvre âme
Elle commence à manquer d'air

Le temps file

Le temps file
Comme le cours d'un ruisseau
Rapide et indomptable
Qui en un battement de cil
Disparaît, porté par les eaux
Sur un lit de roche et de sable

Le temps file
Comme une pluie d'étoile
Tombante dans le lointain
L'horizon calme et immobile
Le ciel tombant comme un voile
Sur un jour prochain

Le temps file
Comme emporté par les vents
Tempête furieuse
Qui entre arbres se faufile
Et en un terrible hurlement
Laisse une ville anxieuse

Deux soucis

Dans ma chambre, deux fleurs
Que l'on appelle soucis
Un mot source de malheur
Pour des fleurs si jolie

Comme pour me rassurer
Comme pour me dire
Quand tu as vu le mauvais
De belles choses restent à venir

Belles fleurs d'été
Survivent à l'automne
Viennent à m'enchanter
Sur une mélodie aphone

Dans ma chambre des fleurs
Que l'on appelle soucis
Mais qu'est-ce qu'elles sont jolies

Ô grande prairie

Ô grande prairie
Toi que je vois en rêve
Sur ton herbe par le soleil jauni
Je me repose sans trêve
Chaque brindille sur ma peau
Souffler par le vent, joue une mélodie
Une gigantesque concerto
Une valse, des Valkyries
Et chaque rayon de soleil
Fond sur mon corps
Comme une coulée de miel
Pénétrant tous mes pores

Le corbeau et sa proie

Plumage d'un noir de jais
Un corbeau attend sur sa branche
Sa proie, cette malheureuse condamnée
Puis avant de fondre, sans un bruit se penche
Le regard vif, il observe patiemment
L'infortuné qui doucement avance
Puis il étend son ombre funeste
Ses ailes grandes ouvertes
Et en un bon s'élance
Sans mandement sur la pauvre bête

Sinistre clown

Sinistre clown,
que je vois dans mes cauchemars
Est-ce à moi que tu t'adresses
Caché là-bas, au fond, dans le noir
Par quelle étrange et horrible prouesse
Parviens-tu à m'effrayer
Moi qui te sens tapi au fond
de mon propre subconscient
Es-tu un simple reflet ou
Mon moi profond
Ou bien encore, le petit enfant

Serial killer

Ombre flottante dans la nuit
À la lueur des réverbères
Attend sa proie de minuit
Quand il la voit passer
Il recule dans la pénombre
Avant d'entamer son méfait
Quand elle est proche
de son funeste destin
Il sort de sa poche
Un vieux couteau à pain

Moi, Lancelot

Jouant des mots comme on manie l'épée
Moi, Lancelot fait chanter proses et versets
A bras ouverts, ou embrassées
J'accueille les rimes que sur le papier j'ai posées
Et au son du vent d'automne
Soufflant par la fenêtre ses accords monotones
Je dévoile à travers ma poésie
Tout l'état de mon être

Péchés sanglants

Tant d'erreurs à confesser, tant de péchés
Comme des lames de rasoir qui sur le corps
M'assaillent jusqu'à, en rêve, me faire saigner
Comme les flux et reflux,
de désaccords en accords
Mon âme et mon cœur tailladés, mis à nu
J'ai erré dans le mensonge et le doute
Sur le chemin sombre des parvenus
Des ombres glaciales longeant les routes
Sur lesquelles je marche sans cesse
Perdu dans mes réflexions, aller je me laisse

Dessiner l'amour

Si je pouvais dessiner l'amour
Ce serait un immense jardin
Fait de lavande et de romarin
Dont la senteur égayerait mes jours
Je dessinerais aussi le ciel
D'un bleu si pur et profond
Qu'avec un océan, nous les confondrions
Et où s'y baignerait le soleil
Quant aux nuages doux comme le coton
Ils auront des allures de mouton
Sur lesquels je dormirais
de l'automne à l'été

Les prémices de l'hiver

Je sens les prémices de l'hiver
Effleurer ma peau délicate
Doucement un froid d'enfer
Pose sur ma main, des rivières écarlates
Mon corps tremble, se gèle
Pris dans la terrible tempête
Dont chaque bourrasque flagelle
Mon pauvre corps des pieds à la tête
Et en mon être, ce tremblement
Dans chaque parcelle de ma peau
Une tornade, un déferlement
Je vois couler sur moi, des perles d'eau

Vacances d'été

Je me souviens de ces matins d'été
Où assis sur la terrasse d'un café
J'entendais les cigales chanter
Le vent frais du matin
Soufflait dans les fleurs de romarin
De la petite fleuriste du quartier voisin
Et la chaleur du soleil
Faisait sur ma peau ses merveilles
Quand dans l'herbe, me berçait
Le bourdonnement des abeilles

Dragon furieux

Grand dragon d'un souffle furieux
Balaye en un éclair la vallée dormante
Ses terribles rugissements se font terrifiants
Et lorsqu'il fait claquer sa queue
Dans les cieux, l'éclair aveuglant
    Sur sa peau changeante,
   des nuages se dessinent sur son épiderme
Et quand le soir arrive, il mue
Sur les champs et les fermes
Afin de se retrouver nu
Avec ici et là quelques étoiles
Dessinent sur sa robe, une belle toile
Un tableau

La couleur de l'automne

Arbres aux feuilles rouges feu
Comme brûler par le soleil
Feuilles couleur de miel
Ou ambroisie des dieux
Un paysage au ton divin
Je t'admire le soir
Jusqu'au petit matin
Au réveil de la corneille noire
Tes couleurs flamboyantes
Je les garde en mémoire
Que mon subconscient
Glisse dans mes rêves
Mes espoirs
Et ces feuilles bariolées
Des couleurs les plus chaudes
Je reste là à les regarder

Et pourtant

Hiver doux et chaleureux
Tu nous amènes le ciel bleu
et un soleil combien radieux
Ton souffle léger
Un vent passager
La fin ici de l'été
Et pourtant la pluie
Comme la neige se fait rare
Quand je dors la nuit
Le soir n'est plus bavard
Où sont passées vos histoires
Quand à la vitre
Goutte à goutte vous frappiez
Une musique dans le noir
Drôle de chant, un pitre ?
Danseur à la robe étoilée
J'aimerais qu'encore pour moi
Vous dansiez et chantiez

Le temps d'hiver

Il plante dans mon cou
Ses crocs glacés
Venant de partout
Je sens le froid m'enlacer
Fini la douce chaleur
S'installe le temps d'hiver
Où se fanent les fleurs
Retournant à la terre
Et sur le sol tombent
les feuilles mortes
Que le vent en trombe
Au loin emporte

Le bonheur

Je me languis du bonheur
De la douceur de ses caresses
Et ses mots pénétrant mon cœur
En une parfaite allégresse
Je me languis des balades
Où je pourrais lui tenir la main
Marcher seul a un goût fade
Où le temps joue son triste refrain
Je me languis des étoiles
Que nous verrions à deux
Des champs aux mille pétales
Tableau d'un peintre amoureux

Le cerf blanc

J'ai fait le rêve du cerf blanc
Broutant, paisible, dans les champs
Il était grand et majestueux
Et son regard brillait de mille feux
Sa posture de grand seigneur
Ses yeux remplis de chaleur
Apaisait mon âme angoissée
Quand de peur, mon cœur se serrait
Son brame résonnait dans la forêt
Et bien au-delà des contrées
Faisant frémir tout mon être
De son royaume il est le maître

Le serpent du désert

Cracheur de venin
Tient en ses crocs
Ton funeste destin
Qu'il implante jusqu'à l'os
Tapi dans les fourrées
Il attend sagement
Que tu passes tout près
Afin de bondir furieusement
Tellement rapide
Tu ne peux l'éviter
Seul dans les terres arides
Il te reste à crever
Car tel est L'infortune de celui
qui rencontré le serpent du désert

File l'heure

File l'heure, les aiguilles folles
Le temps oisif s'envole
Les limbes intemporelles
Fuient dans la nuit éternelle

File l'heure, heureuse ouvrière
Tourne et tourne, fait des manières
Danse dans la blanche nuit
Aucun témoin, qui s'est endormi

File l'heure, comme l'étoile
Le peintre, le pinceau, la toile
Sur le pont des amours
Femme, tes apparats de velours

File l'heure, encore et encore
Arpège, que résonne tes accords
Fait entendre ta mélodie
Quand sonnent les cloches de minuit

Voyage

Par monts et par vaux
Mon cœur voyage
Et sur le papier les mots
Dont coule l'encre sauvage
Cette immense périple
Au plus profond de l'âme
Bercé par la lueur paisible
D'une douce flamme
Assis à sa table
Son poème, sa fable

Le vieux poète

A la lueur vacillante
D'une lampe à huile
Affalé à son bureau
Sur le papier les mots
D'un cœur en exil
L'encre tranchante
Rivière sanglante
Quand de ses dernières heures
Il donne de son âme
Ode à ses malheurs
Quand dans son silence
Il entend sa dame

Ces mots

Allongé dans le lit, yeux clos
Je rêve ces mots
Qui résonnent au loin
Ces paroles dont mon cœur a besoin
Elles se laissent guider
A la douceur des alizés
Puis se meurent dans le temps
Piégées dans mon cœur d'enfant

Dans ma tête

Dans ma tête, ces pensées
Que sur le papier, je viens à poser
Au plus profond de ma mémoire
Mes rêves et mes déboires
Emportés par-delà l'espace
Là où le temps s'efface
Quand je viendrai à mourir
Resteront les beaux souvenirs

Ton sourire

Un sourire, un regard
Illumine mes sombres nuits
Telle la lumière d'un phare
Qui dans la distance luit
Tu es la terre sur laquelle
Mon cœur est envieux de se poser
Par la douceur d'une aile
Un chemin, une route, une éternité

Le doux parfum des fleurs

Le doux parfum des fleurs
Embaume mon cœur
Quand dans l'herbe je m'allonge
Emporté par mes songes
Dans la chaleur de la nuit
J'en ressens les désirs d'aujourd'hui

Mon jardin secret

Dans mon jardin secret
Je cultive mes pensées
Fleurs de mon âme
Aux arômes infâmes
Quand de ton absence
Elles croissent en souffrance
Et les épines dans mon cœur
Quand à l'idée je meurs
De ne point être à tes côtés

Le chant de l'oiseau

Le chant de l'oiseau
Doux et mélodieux
Prélude aux amoureux
Bercés par le vent
Comme on berce les roseaux
J'écris ces quelques notes
Que ma tempête emporte
Rêvant à la croisée des chemins
D'une caresse de tes mains

Rage

Le temps fait rage
Quand de mes heures sombres
Vient l'orage
Et les incessantes trombes
Quand de ses yeux
Coulent les larmes
L'impression d'un combat sans armes
Démuni je me proclame

Le regard d'antan

Sous la courbe de tes yeux
J'entrevois les champs de bleuets
Subtil et malicieux
Ou alors les caprices d'une mer bleutée

Tu t'es drapé des couleurs de l'automne
Velouté de carmin
Et le vent chantonne
Là dans tes cheveux châtains

C'est ainsi que je te vois
Ô toi, ma douce enfant
Quand je passe par tant d'émois
Me rappelant aux souvenirs d'antan

Nos erreurs

Aux ombres dansant
Sur les murs natals
Au passé, au présent
Au temps qui se voile

Nos erreurs
Qui ont pavé nos routes
Epines de nos cœurs
Noyées par l'eau carmin
De nos doutes

Et les larmes de regrets
Effacées par la pluie
Coulent le long de la chaussée
Quand sonne minuit

Les mots sur les maux

Quand en toi brûle la douleur
Quand le brasier de ton malheur
Consume ton cœur de papier
Alors pose les maux sur un carnet
Qu'ils deviennent les mots
Que jamais tu n'as su dire
Quand de tes yeux les flots
Viennent à noyer ton sourire

Et que les assauts de tes pensées meurtrières
Désagrège ce pauvre corps de pierre
Alors de ces mots fais-toi un radeau
Va et vogue vers un jour nouveau

Aux vagues de mes pensées

Aux perpétuels assauts
De ces pensées démentes
Telles les vagues déferlantes
Du sang sous sa peau

S'hérissent les poils
A la peur et l'angoisse
Que les blanches voiles
De son navire se froissent

Qu'il se noie sous les flots
De ses changeantes idées
Quand en lui meurt le héros
La fin d'une belle épopée

Le poison contemporain

Laisse tes pétales danser au vent
Ballerine au théâtre de la nature
Sous les géants boisés d'armure
Armés contre l'antagoniste temps

Ces derniers remparts contre l'infâme poison
Insultés, traités comme sorcières aux bûchers
Sous les clameurs déferlantes arrachées
De ceux qui bien tard pleureront

Eh toi, là, le monstre contemporain
Etais-tu sobre en ta folle grandeur
Le seras-tu même dans ton malheur
Lorsqu'un jour tu viendras à cracher ton venin

A qui la faute ? Au seigneur laxiste ?
Qui au bar des célestes
S'amuse au grand dam de l'artiste

Qui croit encore que de ses textes
Il peut changer le monde
Désillusions complaisantes et immondes

Les rouages du temps

Perdu dans les rouages du temps
Tic-tac d'un funeste destin
Qui m'enveloppe sournoisement
Dans les rayons du matin
J'entends les galops sauvages
Arrivant sur ma peau
Affres douloureux de mon âge
Que je transporte, lourd fardeau.

Frisson nocturne

Aux caprices des eaux
Sur les vagues déchaînées
Un simple radeau
Sous la voie lactée
Étoiles guides
Là dans l'horizon
Cercle perfide
La nuit, mon frisson

Exquise beauté

Exquise beauté
Sculptée dans le marbre des cieux
Fais naître en moi
Un battement de cœur
Et dans l'heure
Je serai à toi.

Âme sœur

Où es-tu âme sœur
Dans cette obscure solitude
Où est le chemin
Menant à ton cœur
Si de tes mots
Tu me transperçais l'âme
Si ta voix
Faisait rugir la flamme
Je te ferais mienne

Le parfum

Le parfum de ta peau
Rappelle à la douceur florale
Au temps des cerisiers sauvages
Là-haut au Népal
Où perdu en mon château
J'ai guetté ta venue

Et le temps se suspend
Flot impétueusement calme
Qui aux instants d'antan
Me laisse au dépourvu

Brille

Brille, toi mon étoile
Fais que ta lumière
Lève le voile
Sur tout ce que j'espère

Brûle, astre de feu
Que ta chaleur
Dans les cœurs creux
Les emplisse de douceur

Eclaire, phare éternel
Le chemin des pauvres
Qu'éclate cette étincelle
Qu'en revienne l'apôtre

Beauté aromatique

Ces yeux reflètent
La beauté du ciel
De sa bouche
Un goût de miel
Et les aromes subtils
D'une fleur fragile
Quand sur ces lèvres parfumées
Je vins à poser un baiser

Dans l'herbe

Le doux parfum des fleurs
Embaume mon cœur
Quand dans l'herbe je m'allonge
Emporté par mes songes
Dans la chaleur de la nuit
J'en ressens les désirs d'aujourd'hui

Aux mille saisons

J'entreprends ce long voyage
Pendant mille saisons
J'évolue avec mon paysage
Ainsi que change ma raison

Je ne compte plus les jours
Qui sans cesse changent
Et une expression lourde
En moi me démange

J'ai pris cette route
Durant mille saisons
En proie à mes doutes
Dans mes derniers frissons